AF264076

Prix : **20** centimes

LA MORT

DE

NAPOLÉON III

PAR

JULES AMIGUES

(Extrait du journal Le Droit du Peuple)

PARIS

TYPOGRAPHIE F. DEBONS ET Cie

16, RUE DU CROISSANT, 16

LE DROIT DU PEUPLE

JOURNAL HEBDOMADAIRE

Paraissant le Samedi à Paris, le Dimanche dans toute la France

Politique — Agriculture —- Commerce — Industrie — Finances
Romans — Théâtres — Tribunaux — Faits divers — Informations universelles.

<table>
<tr><td>

ABONNEMENTS
(Payaʔ les d'avance)
PARIS : 1 an, 6 fr. — 6 mois, 3 fr. 50
DÉPARTEMENTS : 1 an, 7 fr.—6 mois 4 fr.

</td><td>

PRIX DU NUMÉRO :
Paris, 10 cent.—Départements, 15 cent.
BUREAUX DU JOURNAL
16, rue du Croissant, à Paris

</td></tr>
</table>

Rédacteur en chef : JULES AMIGUES

Le soussigné ....

demeurant à .... *rue* .... *n°* ....

bureau de poste d ....

département d ....

s'abonne pour (1) .... *au Journal LE DROIT DU PEUPLE,*

à partir du ....

(SIGNATURE)

(1) Six mois ou un an.

NOTA. — **Envoyer ci-inclus à M. DELON, gérant du journal, le prix de l'abonnement en un mandat-poste.**

Les abonnements partent du 1er de chaque mois.

Tout abonné nouveau aura la faculté de faire partir son abonnement du 29 octobre 1876, date du 1er numéro.

Paris. — Typ. F. Debons et Cⁱᵉ."

LA MORT

DE

NAPOLÉON III

---

6 janvier 1877.

C'est dans trois jours l'anniversaire de la mort de Napoléon III.

Cette date est pour nous une date solennelle. Ce souvenir est pour nous un des plus récents et des plus émus entre tous ceux qui se rattachent à l'Empire. Les plus fidèles et les plus dévoués parmi ceux qui aimèrent l'Empereur et qui combattent aujourd'hui pour le principe de la souveraineté nationale, ont coutume de se réunir tous les ans pour célébrer pieusement cette échéance douloureuse.

Il nous convient donc de rappeler ici et le grand événement du 9 janvier 1873, et la profonde impression qu'il produisit dans le monde, et la manifestation tristement magnifique dont il fut l'occasion.

L'Empereur Napoléon III, souffrant depuis longues années, avait senti s'aggraver, vers la fin de l'année 1872, les symptômes de son mal. Cependant on n'avait point autour de lui de sérieuses inquiétudes, et une opération nouvelle — à laquelle on attachait des espérances décisives — devait suivre, le 9 janvier au matin, celles qui avaient été pratiquées précédemment.

La mort n'attendit point le suprême effort qu'on allait tenter contre elle. Entre dix et onze heures du matin, l'Empereur, que l'on avait laissé endormi, s'éteignit doucement, sans presque s'éveiller pour mourir.

On eut à peine le temps d'accourir : celui que la France avait acclamé en 1848, celui qui l'avait sauvée en 1851, celui qui, depuis ce moment jusqu'en 1870, avait été l'arbitre des destinées du monde, celui qui, à Sedan, avait dit adieu au pouvoir par un acte d'humanité souveraine et de suprême abnégation, rendit son âme à Dieu sans avoir pu laisser à sa famille et à son pays une parole dernière.

Quelle éloquence pourtant dans cette mort muette !

Que d'impressions elle suscite !

Que de faits elle contient !

Que de choses elle commence ou achève !

Qui ne se souvient encore de tout cela ?

Voilà l'héritier de Napoléon Ier, le neveu du martyr de Sainte-Hélène, qui meurt, non point dans une île anglaise de l'Océan lointain, mais sur la terre métropolitaine d'Angleterre, à deux pas de la France, exilé de son pays, mais libre dans son exil et entouré, dans la retraite qu'il s'est choisie, de la vénération et des sympathies de tous !

Et la reine d'Angleterre, à peine a-t-elle reçu la fatale

nouvelle, envoie à l'Impératrice veuve et au Prince orphelin le témoignage de ses sympathies !

Et les journaux anglais paraissent encadrés de noir en signe de deuil !

Et les ouvriers anglais se comptent et s'inscrivent par milliers pour assister aux funérailles de l'illustre proscrit !

Tandis que, de ce côté de l'Océan, un pieux pèlerinage s'organise pour apporter à l'exilé l'adieu de la patrie et pour remercier l'Angleterre d'avoir été généreuse au noble vaincu.

N'est-ce rien que cela ?

N'est-ce rien que ces deux peuples qui, à travers l'Océan, se donnent la main sur une tombe ?

Que reste-t-il maintenant de ces haines séculaires entre la France et l'Angleterre ; de ces vieilles rancunes nationales qui, il y a trente ans encore, séparaient l'un de l'autre ces deux peuples unis aujourd'hui ?

Et qui donc a effacé ces haines, apaisé ces rancunes, opéré cette concorde ? Qui donc, sinon celui qui, par une haute inspiration de paix et de clémence, a choisi, pour y aller vivre ses jours d'exil et sa dernière heure, le pays même où son aïeul mourut captif et persécuté ?

Est-ce tout ?

Non. Voyez encore.

Voilà l'Italie, qui, à l'heure même où l'on insulte en France à cette grande mémoire, paye solennellement à son libérateur le tribut de sa reconnaissance éternelle ! Voilà Milan qui vote une statue à l'Empereur Napoléon III !

Voilà l'ambassadeur de Russie qui porte au Prince Impérial le témoignage public des regrets de son souverain !

Voilà toutes les puissances de l'Europe, alliées ou ennemies naguère de Napoléon III, qui envoient à sa veuve et à son fils l'expression de leurs regrets unanimes !

Qu'est-ce que tout cela, sinon le jugement porté par l'Europe tout entière, non-seulement sur la mémoire du mort, mais sur l'ingratitude et l'ignominie de ceux qui le renversèrent vivant ? Qu'est-ce que tout cela, si ce n'est la révolution de septembre traduite et condamnée par devant les assises du monde ?

Est-ce tout?

Non. Voyez encore.

Voilà l'Assemblée de la France et son gouvernement innommé, tous deux hier si agités et si tumultueux, réduits subitement au silence, à l'inattention, à l'oubli !

Voilà les querelles byzantines comprimées dans leur germe par une vague et secrète terreur !

Voilà cette bourgeoisie aveugle et folle, hier éprise de la république, consternée aujourd'hui et se disant tout bas, avec une angoisse inavouée : « N'est-ce point là-bas qu'était le salut ? »

Voilà les fidèles de la souveraineté nationale qui, pris à bref délai par la terrible catastrophe, se groupent et se rallient pour aller offrir un dernier hommage à Celui qui, hier encore, était le représentant du droit national !

Voilà les officiers de l'armée qui demandent en foule au gouvernement l'autorisation d'aller saluer, de leur épée en deuil, celui qui fut leur chef respecté dans la bonne et dans la mauvaise fortune !

Voilà la population ouvrière de Paris, trompée et séduite naguère par les promesses menteuses de quelques intrigants, qui se recueille aujourd'hui et se tâte, inquiète, effarée, et se demande : « N'est-ce pas vraiment mon meilleur ami qui vient de mourir? » et qui va s'inscrire en foule aux registres de la rue de l'Elysée, et qui s'efforce, de ses faibles moyens, à organiser une délégation chargée de la représenter aux funérailles de Napoléon III !

Est-ce que jamais pareils phénomènes se produisirent au convoi de quelque royal exilé ?

Qu'est-ce donc que tout cela signifie ?

Cela signifie que la conscience de la France s'éveille, et proteste et s'indigne contre les iniquités et les infamies dont on a chargé la tête de ce vaincu !

Cela signifie que l'heure de la réparation apparaît dans les horizons de l'avenir, et que la nation, atteinte dans sa dignité, au 4 septembre, par le renversement du chef qu'elle s'était choisi, atteinte dans ses affections aujourd'hui par la mort de celui dont elle n'a point oublié l'action bienfaisante, se lève dans sa conscience et se prépare à faire un jour, dans un solennel lit de justice tenu par le peuple souverain, la part de celui qui est mort et de ceux qui survivent !

Cela signifie, enfin, qu'en cet homme qui meurt s'incarne un principe impérissable, et qui, éclipsé pour un instant, va reparaître demain dans le ciel de l'histoire !

Voilà pourquoi, bien que la mort de Napoléon III eût été muette, le monde lui répondit.

Quelques jours se passèrent, à la fois actifs et silencieux, pendant lesquels une longue caravane sillonna les routes et la mer, entre la France et l'Angleterre, pour se rendre à l'ermitage où venait de s'abattre la mort.

Le 14 janvier, une foule considérable, appartenant aux deux nations, vint rendre un dernier hommage à l'Empereur, couché, en grand uniforme, sur un lit de parade dressé dans une chapelle ardente.

Le 15 janvier était le jour fixé pour les funérailles.

A dix heures et demie du matin, le corps était transporté sur le char funèbre : — à ce moment même resplendit dans le ciel, à travers la brume d'Angleterre, un rayon de ce soleil qui, pendant toute la vie et le règne de l'Empereur, avait semblé fidèle à sa fortune.

A onze heures du matin, le cortége se mit en marche.

En tête, s'avançait la délégation ouvrière venue de Paris, conduite par M. Alfred Didion, ouvrier cordonnier. Par un regrettable malentendu, la bannière que ces braves gens avaient fait faire ne leur était pas parvenue en temps utile : ils l'avaient remplacée en détachant le drapeau qui flottait sur la grille de Camden-House et en le fixant sur une branche verte coupée tout exprès dans le parc. Ce fut ainsi que le drapeau tricolore, — qui flottera un jour sur la tombe française de Napoléon III, — l'accompagna jusqu'à la première étape de son dernier sommeil.

Ce drapeau était porté par M. Lecomte, ouvrier gazier de Ménilmontant. Les cordons latéraux en étaient tenus par deux autres ouvriers, MM. Carayol, cordonnier, et Perau, gazier.

Puis venait le reste de la délégation, composée, pour la plupart, d'ouvriers parisiens, rangés deux à deux.

Aussitôt après, le char funèbre, très-simple, attelé de huit chevaux noirs, tendu de velours noir et portant, sur des écussons peints, le monogramme N surmonté de la couronne impériale.

Derrière le char, marchait seul, à pied, le Prince Impérial. Puis, à la suite, le prince Jérôme Napoléon et le prince Murat; les magistrats anglais; les membres du corps diplomatique résidant à Londres et de nombreuses notabilités françaises de l'armée, de la politique et de la littérature.

Tout le monde en costume de ville.

On remarquait deux officiers français en uniforme, et la députation officielle de l'armée d'Italie, en grande tenue.

Le cortége proprement dit pouvait compter de deux à trois mille personnes.

En dehors de la grille s'étendait sur tout le parcours, depuis la villa jusqu'à la chapelle funéraire, une foule immense, cent mille personnes peut-être, venues tout exprès de Londres ou de plus loin, et appartenant à toutes les classes de la population anglaise, depuis le peuple le plus humble jusqu'aux sommités de l'aristocratie.

A mi-chemin à peu près, sur le vaste « boulingrin » de Chislehurst, stationnaient les voitures et se tenaient les cavaliers.

Les policemen de Londres faisaient la haie.

Dans cette innombrable multitude régnait le silence le plus profond, le recueillement le plus ému. On saluait au passage le drapeau français, avant de saluer le cercueil impérial.

La chapelle, située à un kilomètre environ de l'habitation, est une toute petite et toute modeste église de village, qui peut contenir deux cents personnes à peine.

Elle était simplement tendue de serge noire et éclairée de douze cierges seulement.

Toutes les places étant occupées ou retenues d'avance, quelques membres seulement de la délégation populaire purent y pénétrer : parmi eux, un ancien soldat de Sébastopol et de Solférino, portant ses médailles sur sa redingote noire, et un robuste ouvrier du port de Grenelle, en cotte et bourgeron bleus.

Le cercueil, recouvert de velours violet, brodé d'abeilles de soie jaune, fut placé à l'entrée du chœur.

La messe en musique fut chantée par des prélats catholiques anglais, assistés de quelques membres du clergé français en habits pontificaux. Elle dura environ une heure.

Puis le cortége sortit de l'église, laissant en place le cercueil, qui devait être déposé dans une crypte provisoire, en attendant la construction d'une chapelle spéciale, aujourd'hui achevée.

Comme le Prince sortait par une petite porte latérale pour gagner la voiture qui l'attendait dans un chemin creux, une immense acclamation le salua au passage.

Le cortége rentra à Camden-House dans le même ordre qu'au départ. Le Prince Impérial seul avait pris les devants, accompagné du prince Jérôme-Napoléon.

En rentrant dans le parc, on se rangea autour de la petite esplanade qui s'étend devant la maison, et le Prince Impérial descendit remercier tous ces fidèles amis de celui qui n'était plus. Le Prince avait les yeux rougis par les larmes ; mais il était calme, ferme, presque maître de lui.

Comme il arrivait devant la délégation ouvrière, qui

m'avait fait l'honneur de me mettre à sa tête, — je rappelle ces souvenirs pour la stricte vérité de l'histoire et aussi pour marquer que je ne les répudie point, quoiqu'ils aient attiré sur moi, et aussi sur d'autres, bien des injures et des calomnies, — le Prince daigna me tendre la main :

— Merci, me dit-il; je ne puis serrer la main à tous, mais dites à vos amis, ici et ailleurs, combien je suis ému de leur sympathie, et assurez-les de toute ma reconnaissance.

Sur ces mots, les ouvriers, malgré les recommandations qui leur avaient été faites, ne purent se contenir et rompirent leurs rangs pour s'élancer vers le Prince en poussant le cri de: « Vive l'Empereur! »

— Ne criez pas « Vive l'Empereur! » répliqua vivement le Prince Imperial; criez « Vive la France! »

Mais toute la foule, d'un commun élan, s'était précipitée vers le seuil de la maison, mêlant ensemble, dans le même enthousiasme, les cris de : « Vive la France! Vive l'Empereur! Vive Napoléon IV! »

C'était le sacre populaire du futur Empereur.

Une heure après, la foule se dispersait, et, pendant les jours suivants, chacun de son côté reprenait le chemin de la France, laissant sur la terre d'Angleterre un exemple sans précédent dans l'histoire : celui d'un souverain mort en exil, loin de son peuple, et dont le peuple était venu suivre les funérailles.

Quand Charles X mourut à Goritz, quelques fidèles se trouvaient là, qui lui rendirent pieusement les derniers devoirs ; — mais le peuple n'était pas avec eux.

Quand Louis-Philippe mourut à Claremont, quelques amis dévoués vinrent escorter son cercueil ; — mais le peuple n'était pas avec eux.

Ainsi moururent et furent ensevelis, dans la solitude et l'oubli lointains, nos deux derniers rois de France : le roi de l'aristocratie et le roi des bourgeois.

Cette fois venait de mourir — en exil aussi — l'Empereur, c'est-à-dire le prince du peuple.

Et cette fois le peuple y était.

On a dit que ces quelques milliers d'hommes n'étaient point tout le peuple. Laissez dire et attendez ce que produira un jour en France la clameur que ces hommes poussèrent sur la terre d'exil, en un jour de deuil, sur le bord d'un tombeau.

Les apôtres — tous gens du peuple — ne se comptaient ni par milliers ni par centaines : ils n'étaient que douze, et ils ont fait le monde chrétien !

Depuis cette date du 9 janvier 1873, si proche encore de nous, bien des choses se sont passées, bien des idées se sont modifiées, bien des préjugés se sont dissipés, bien des souffrances se sont aggravées ; et ces souffrances ont ramené vers le souvenir et le regret de l'Empire une grande part de cet élément populaire, que les déclamations radicales en avaient détourné.

Ah ! malheureux peuple ouvrier, marchepied de toutes les ambitions, instrument de toutes les intrigues, dupe de tous les mensonges, éternel et aveugle croyant à toutes les mystifications du gobelet révolutionnaire, — tu t'es laissé follement enivrer de haine contre César, qui t'aimait d'amitié tendre ; tu t'es fait fouailler par la main sèche et dure d'un Sylla bourgeois en lunettes d'or ; tu t'es laissé prendre aux œillades équivoques de quelque faux Brutus qui chante du haut des balcons la sérénade à la Fraternité, pendant que celle-ci grouille et se morfond et se crotte dans la rue ; te voilà aujourd'hui sous la férule académique de quelque menu Cicéron, mâtiné de Tartuffe et moinant de moinerie orléanesque à travers ses patenôtres républicaines !

Mais ce sera bientôt assez de tout cela. Ramené par le malheur au sentiment du réel, tu t'es pris — peu à peu — à méditer sur tes propres erreurs ; et ces choses que nous te disons tout haut, tu te les dis à toi-même tout bas. Puis César s'est endormi dans l'exil où l'avait jeté ton ingratitude, et la mort, « qui fait tout voir au vrai jour », a mis l'immortelle auréole sur le front de ce grand insulté. Tu sais maintenant que celui-là était ton ami et que ses ennemis étaient tes exploiteurs. Tu compares, dans le morne recueillement de ta misère, le présent au passé ; et, ce passé que tu regrettes sans le dire, tu songes, avec une secrète espérance, qu'il peut être encore l'avenir.

Car le prince du peuple a laissé un fils, un fils en qui vivent ses instincts, sa pensée, son âme, ses vertus, son amour des faibles, ses facultés d'indulgence et de pardon ; un fils qui t'appartient, puisqu'il est l'incarnation même de la souveraineté du peuple. Aussi un jour — et ce jour n'est pas loin peut-être — quand tu auras assez réfléchi, ayant assez souffert, tu rappelleras ce fils d'une acclamation enthousiaste et unanime. Ce jour-là, jour de réparation et de justice, en même temps que jour de paix et de réconciliation, ce jour-là sera l'unique revanche de l'Empire ; et la vengeance que tirera de toi le fils de César, pour le mal que tu as fait à son père, sera de te rendre au centuple le bien que son père t'avait fait.

Et toi, Prince clément et doux, âme haute et méconnue, toi qui fus si grand debout, qui est plus grand couché, tu auras aussi ton retour triomphal, comme le glorieux supplicié de Sainte-Hélène, et ceux-là mêmes qui t'ont le plus outragé t'accueilleront de leurs regrets et de leurs larmes.

En attendant, nous qui sommes restés tes serviteurs et tes amis, nous te disons, comme un grand poète — qui s'est, hélas! rangé parmi tes détracteurs — disait à Celui qui repose aujourd'hui sous le dôme des Invalides :

Dors! nous t'irons chercher!

Jules Amigues.

PARIS. — IMPRIMERIE F. DEBONS ET C⁰, 17, RUE DU CROISSANT.

BUREAUX : 16, RUE DU CROISSANT, A PARIS

L'Ordre

APPEL AU PEUPLE (DE PARIS) LIBRE ÉCHANGE

JOURNAL POLITIQUE QUOTIDIEN

PRIX D'ABONNEMENT POUR PARIS ET DÉPARTEMENTS

UN AN, 48 francs. — SIX MOIS, 24 francs. — TROIS MOIS, 12 francs.

Un numéro : Paris, 15 cent. — Départements, 20 cent.

Rédacteurs en chef : MM. Jules RICHARD et Jules AMIGUES

Le soussigné ....

demeurant à .... *rue* .... *n°* ....

bureau de poste d ....

département d ....

s'abonne pour .... *au Journal L'ORDRE (de Paris),*

à partir du ....

(SIGNATURE)

NOTA. — **Envoyer ci-inclus le prix de l'abonnement en un mandat-poste.**
Les abonnements partent du 1ᵉʳ et 15 de chaque mois.

Envoyer le présent bulletin après l'avoir rempli et le mandat de poste à M. Delon, gérant,
16, rue du Croissant, à Paris.

Paris. — Typ. F. Lebons et Cⁱᵉ.

Chaque brochure : **vingt centimes**

Toute personne qui demandera cent exem-plaires *les payera au prix de* **15 centimes** *l'un,
soit 15 francs.*

Cinq cents exemplaires : **10 centimes**
l'un, soit 50 francs.

104

www.ingramcontent.com/pod-product-compliance
Lightning Source LLC
Chambersburg PA
CBHW050725070726
47597CB00009B/3790